AF243310

DÉFENSE

DES

VOLONTAIRES ROYAUX;

PAR UN ÉTUDIANT EN DROIT.

A PARIS,

Chez Delaunay, galerie de bois, au Palais-Royal ;
Et au Cabinet Littéraire, rue des Francs-Bourgeois-
Saint-Michel, n°. 3.

1815.

DÉFENSE

DES

VOLONTAIRES ROYAUX.

Défense *des Volontaires royaux* : ces mots doivent être étonnés de se trouver ensemble. Il y a quinze jours que la chambre des députés décernait des récompenses nationales à ces guerriers nouveaux ; les éloges étaient pour eux ; les faveurs du Gouvernement les attendaient ; sur leurs bannières on lisait *honneur et fidélité* : tous marchaient au combat dans les transports de l'enthousiasme et au milieu des applaudissemens de leurs amis. Aujourd'hui tout est bien changé : ces mêmes Volontaires sont presque des factieux ; des gens incapables d'apprécier le courage, et le dévouement à une cause faible et chancelante, vont jusqu'à les accuser de lâcheté. Il y a des administrations où l'on a l'indignité de leur refuser le pain qu'ils y gagnaient depuis long-temps, et il ne leur reste plus enfin pour consolation que l'estime du héros qu'ils allaient combattre, et cette satisfaction de la conscience qui ne dédommage pas toujours des injustices du sort.

Je suis certain qu'en exposant avec vérité et énergie la conduite qu'ils ont tenue, les motifs qui les guidaient, je dissiperai du moins quelques préventions contre eux, peut-être même chez ces agens du pouvoir, incapables de s'élever à la hauteur des sentimens de leur chef. Il est bon de rappeler avant cet exposé ce que dit quelque part Voltaire, réflexion qui rendra ma défense inutile pour beaucoup de gens : *Si la faction de la ligue*, dit-il, *avait prévalu, Henri IV ne serait connu aujourd'hui que comme un petit prince de Béarn débauché et excommunié par les papes.* Il en est ainsi,

Si parva licet componere magnis,

de nos Volontaires; j'élève aujourd'hui en leur faveur une voix indépendante et fière : si le parti qu'ils avaient embrassé eût été le

5

plus fort, au lieu de les justifier, on chante-
rait leur gloire en vers et en prose.

Je dois déclarer d'abord que je ne parle
point pour moi : une connaissance exacte des
événemens et des intentions de l'Empereur
m'ont empêché de m'enrôler parmi les cent
cinquante jeunes gens de l'école de droit qui
ont cru devoir s'offrir à la chambre des com-
munes. Je ne parle point non plus pour ces
Chouans et ces Vendéens dont beaucoup
ont souillé le dévouement et déshonoré la
fidélité; encore moins pour cette classe de
volontaires attirés dans les camps par l'espoir
de la licence et du pillage, ou dans les vues
de leur vil égoïsme : je parle pour ces hommes
nobles et généreux qui ont cru devoir défendre le Gouvernement établi au péril de leur
vie, et qui pensaient prévenir une guerre
civile, dont le retour de Napoléon, moins
cher à son peuple, eût été l'infaillible signal.

Après l'entrée des alliés à Paris, après
cette déclaration de l'empereur Alexandre,
qui, irrité de l'opiniâtreté avec laquelle Napoléon refusait la paix, annonça qu'il ne
voulait plus traiter ni avec lui ni avec sa famille, fut établi le trône des Bourbons. Vingt-

cinq ans d'absence avaient fait oublier qu'ils s'étaient montrés incapables de régner, et qu'ils avaient laissé échapper toutes les occasions de ressaisir un sceptre prétendu héréditaire dans leur famille. On se jeta dans leurs bras, parce qu'on aima mieux encore tomber sous la domination du premier Français que sous celle d'un Prussien ou d'un Tartare. On espérait d'ailleurs que de longs malheurs auraient été pour eux d'infaillibles leçons, et la paix avec les Bourbons sembla même préférable à la guerre avec Napoléon.

La nation reçut avec joie un prince qui ne s'annonçait que *comme un Français de plus.* Les grâces d'un esprit aimable et de brillans mais anciens souvenirs séduisirent beaucoup de personnes : en le recevant avec enthousiasme on lui imposait en quelque sorte le devoir de le justifier. Tout souriait déjà au roi qu'on s'était constamment représenté comme un homme sage et éclairé ; son entrée fut une fête, et il fallut toutes les imprudences de sa famille et de ses ministres, pour dissiper l'enchantement qui nous captivait.

L'abdication de l'Empereur avait consolidé cette puissance encore incertaine. Ce noble sacrifice à la tranquillité de la nation, cette lassitude d'un sceptre, dont quelques erreurs avaient fait sentir le poids, profitèrent aux Bourbons.

L'Empereur délia des sermens qu'on lui avait faits; il se retira en vertu d'un traité dans une île éloignée, et son génie parut dès lors perdu pour la France : mais la France ne cessait point d'avoir besoin de défenseurs et d'appuis. Bonaparte, avec cette grandeur d'âme qui n'appartient qu'à lui, ordonna à ceux qui l'entouraient de servir le roi et de lui être fidèles. La cause de la patrie ne fut plus douteuse. Louis XVIII dut compter sur ses sujets; ses sujets devaient s'empresser à le servir.

Le roi régna près d'un an; sa conduite personnelle fut modérée, ses idées semblaient libérales; il donna une constitution qui contenait tous les principes d'une sage liberté; le trône enfin, sans force et sans gloire, j'en conviens, brillait cependant de cet éclat que donne la douceur et la justice. Tout devait se rallier à lui. L'Empereur et l'honneur en avaient fait un devoir, et s'opposer au Gouvernement qui existe; c'est-à-dire qui est le plus fort, c'est, à peu d'exceptions près, le résultat de sentimens vicieux. Peu de conspirateurs sortent purs des luttes qu'ils ont fait naître, et ceux qui succombent sont non-seulement flétris par les contemporains, mais souvent par la postérité.

S'il est du devoir d'un citoyen de suivre le cours impétueux des événemens, il est de son devoir aussi, quand il le peut, de seconder le chef dont l'action a tant d'influence sur le grand nombre; il doit autant qu'il est en lui empêcher le mal qui pourrait être fait et hâter le bien qu'on pourrait faire : et ce raisonnement ne sera point seulement un éloge pour ceux qui ont servi le roi dans de bonnes intentions, il me ramène aussi à mon sujet, il réfute victorieusement tout ce qu'on pourrait reprocher aux Volontaires royaux.

Lorsque l'Empereur, dont peu osaient espérer le retour, mit le pied en France, le gouvernement du roi avait considérablement perdu dans l'opinion publique, il est vrai, les acquéreurs de biens nationaux, les religionnaires autres que les catholiques et ceux-là même enfin qui craignaient, comme toutes les classes de la société, le retour des ordres monastiques, s'étaient trouvés blessés dans leurs espérances, mais on attribuait ces imprudences à des favoris dont on attendait la chute; la charte avait été violée, mais dans les jours de péril le roi et les princes avaient solennellement promis de la maintenir : on pardonnait enfin, avec toute la générosité d'une âme française, à des fautes dont on semblait se repentir : l'essentiel était d'éviter une guerre civile ; c'est elle que combattaient les Volontaires.

Les Bourbons avaient représenté Bonaparte débarquant en France avec une poignée d'étrangers plus encore que de Français, et nous laissant ignorer l'inobservation d'un traité conclu avec lui, ils le peignaient aspirant à la couronne contre son propre aveu ; ils faisaient marcher à sa suite les vengeances et les proscriptions, et quand ce véritablement grand homme n'avait que le pardon et l'oubli du mal sur ses lèvres, ils nous l'offraient comme un fléau qui menaçait la patrie. Il était du devoir alors de tout homme courageux et ami de la tranquillité de repousser une aggression, de défendre le squelette mutilé de la constitution , d'arrêter le guerrier dont l'entrée en France pouvait nous amener les ennemis : les Volontaires l'ont tenté, leur zèle fut inutile , leurs intentions furent louables; leur conduite mérite des éloges. Ah ! je suis certain que Napoléon a apprécié leur dévouement à une cause infortunée; je suis certain qu'il donne sa confiance à ces serviteurs fidèles, à ces jeunes gens qui ont tout sacrifié pour défendre jusqu'au dernier moment le gouvernement établi. Quand des hommes pareils vous jurent fidélité on peut compter sur eux; ils ne trahissent point leurs amis encore plutôt que leurs maîtres; ils ne protestent point de leur attachement pour aller plus en sûreté porter des coups parricides.

Aujourd'hui que l'Empereur est de retour sur son trône; aujourd'hui que, ramené par l'armée toute entière et par cette immense population des campagnes, il rentre dans sa capitale l'olivier de la paix à la main, tout armement deviendrait coupable, toute obstination criminelle, et les torches de la guerre civile doivent consumer ceux qui les agiteraient en dépit d'une majorité toute-puissante.

Que peuvent espérer d'ailleurs les roya-
listes? De replacer sur le trône un vieillard
souffrant, qui goûtera bien plus de bonheur
dans la retraite que sous le diadème. Je ne
pense point qu'ils songent à assurer la couronne à des princes qui ont tout fait pour
perdre la confiance de la nation, et dont
l'avènement nous préparerait une nouvelle
révolution.

Que tous se rallient donc à ce génie tuté-
laire de la gloire de la France, à ce héros qui
tant de fois flatta notre orgueil national, et
pour qui les leçons de l'adversité n'auront
point été perdues. Il nous promet de régner
par les lois, il nous promet une constitution
libérale : jurons de la défendre et de mourir
pour elle. Que désormais il n'y ait plus de
Volontaires que pour le monarque qui
l'aura respectée, et que les vœux soient una-
nimes pour la stabilité du trône impérial et
pour l'union de tous les Français !

IMPRIMERIE DE FAIN , PLACE DE L'ODÉON.